DER PALIO

Vertrieben Durch
FABIO TURBANTI
Via B. Tolomei 9 - Tel. 0577 - 51260
SIENA

Herausgegeben und gedruckt von

plurigraf

NARNI - TERNI

DER PALIO VON SIENA

Die Seneser sind von einer unbezwinglichen Liebe an ihre Stadt gebunden. Der Besucher der die Stadt und seine Bewohner während der Periode des Palios beobachtet, kann sich eine vage Vorstellung davon machen.Ein tiefgreifendes und wahres Fest das, ausser der Folklore, gerade manchmal wie das Leben ist, weil für einen Senesen der Palio "das Leben" selbst bedeutet.

Die Ursprünge und die urtümliche Eigenart des Palio von Siena sind nie genau erklärt worden. Doch das populärste und aufregendste Fest der Stadt Siena existierte schon lange vor dem Jahr 1310, Jahr in dem die offizielle Gründung des Palio anerkannt wurde und der am 16. August zu Ehren der heiligen Jungfrau im Himmel ausgetragen wird. Nach der siegreichen Schlacht von Montaperti im Jahr 1260 bekam dieses populäre Fest auch eine politische Bedeutung: die Kerzenspende hat seither eine symbolische Bedeutung der Dankbarkeit an die Madonna und ist die Wiederbestätigung der Autonomie und der Unabhängigkeit der seneser Gemeinde. Im Jahr 1656 wurde offiziell die Einrichtung eines zweiten Palio anerkannt, der "Palio der Contrade", der am 2. Juli stattfindet und der Madonna von Provenzano geweiht ist. Die seneser Contrade waren anfangs sehr zahlreich, später reduzierten sie sich auf die heutigen siebzehn; wahre territoriale Gebilde die die Bewohner eines Stadtteils vereinten. Sie haben wunderliche und symbolische Namen: Tartuca (Schildkröte), Onda (Welle), Istrice (Stachelschwein), Drago (Drache), Lupa (Wölfin), Nicchio (Muschel), Oca (Gans) Civetta (Eule), Chiocciola (Schnecke), Pantera (Panther), Aquila (Adler), Bruco (Raupe), Leocorno (Einhorn), Valdimontone (Tal des Widders), Giraffa (Giraffe), Selva (Wald), Torre (Turm). Jede Contrada hat ihren eigenen Sitz, ihr Oratorium, ihr Museum in dem sie mit peinlicher Sorgfalt ihre ganze Geschichte, ihre Siege und jeden gewonnenen Palio aufbewahrt. Nach dem Willen von Prinzessin Violante di Baviera wurden im Jahr 1729 die Grenzen der Contrade durch eine Bekanntmachung festgelegt. Trotz ständiger Revisionsvorschläge sind die Grenzen auch heute noch dieselben wie früher. Jede Contrada ist von eigenen Regierungsorganen geleitet die alle zwei Jahre gewählt werden und die Grundlage ihres Bestehens ist durch die Hauptver-

sammlung gegründet. Jeder Senese nimmt teil am Leben seiner Contrada die ihre zivile Funktion der Freizeitgestaltung ihrer Bevölkerung beibehalten hat: in diesem Sinn ist jeder Moment des Anschlusses eines Senesen eng mit seiner Contrada verbunden. Es sind jeweils zehn Contrade die am Wettkampf um den Palio teilnehmen: es nehmen die sieben Contrade teil die im Jahr vorher ausgeschlossen waren, das heisst sie beteiligen sich von Rechts wegen, die anderen drei werden ausgelost unter denjenigen die im Jahr vorher dabei waren. Die Auslosung findet im Rathaus statt und das Ergebnis wird sofort bekanntgegeben durch das Aushängen der Fahnen der teilnehmenden Contrade an den dreibogigen Fenstern des ersten Geschosses. Die anderen sieben werden ein Stockwerk höher gehisst. Für zwölf Monate im Jahr ist ein eifriges Leben der Contrade im Gang, aber es sind die Tage vor dem Palio die die Atmosphäre zum glühen bringen. Heute so wie gestern ist diese Veranstaltung und alles was mit ihr in Zusammenhang steht die Wiederholung eines Ritus. Angefangen beim Pferd das gesegnet wird oder bei der Wahl des Jockeis (meistens nie ein Senese), geliebter und gehasster Held an den von Generation zu Generation erinnert wird wie eine Legende, der aber mehr oder weniger mit Verdacht zu betrachten ist. Und dann der historische Umzug der Contrade mit den Fahnenträgern die ihre Fahnen schwingen, dem bedrängenden Rythmus der Trommeln und dann endlich das Erscheinen von Pferd und Reiter die aus dem "entrone" (Portal des Rathauses) kommen.

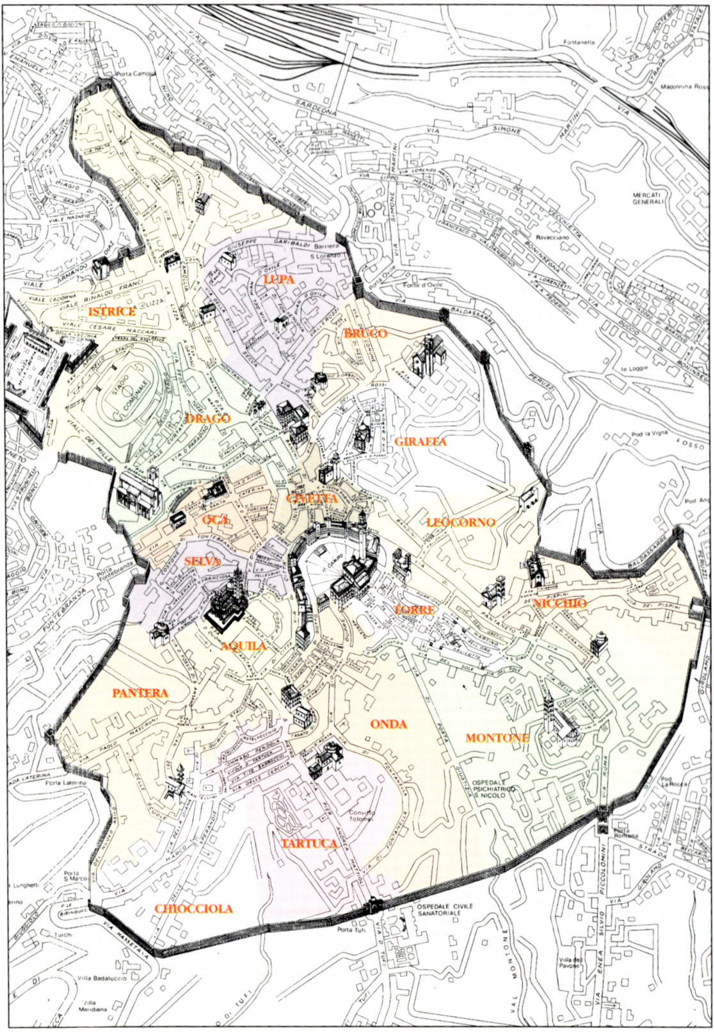

Die Existenz der seneser Contrade wurde schon im XII Jahrhundert bezeugt. Damals waren sie viel zahlreicher als heute und hatten ihre Namen entweder von einer Strasse oder einer Kirche aus der Zone. Später haben verschiedene Ereignisse wie Kriege, Hungersnöte und die schreckliche Pest im Jahr 1348 ihre Anzahl auf zweiundvierzig reduziert, während man einen weiteren drastischen Rückgang registrierte aufgrund der Besetzung im Jahr 1555 die die Stadt buchstäblich entvölkerte. Nachher wurden noch weitere Bezirke vereint und die Zahl der Contrade verringerte sich noch mehr. Die definitive Zahl und Anordnung der Contrade wurde im Jahr 1729 von Violante di Baviera, Statthalterin von Siena, durch eine Bekanntmachung festgelegt die die heutigen Grenzen der Contrade definiert und ihnen ihre definitive Anordnung gibt.

DIE NOBLE KUNST DES FAHNENSCHWINGENS

Das Fahnenschwingen ist eine wahre Kunst die aus vergangenen Zeiten stammt. Damals war die Fahne Anhaltspunkt eines jeden Soldaten und ihr Verlust bedeutete die Niederlage. Ein geschickter Fähnrich konnte es vermeiden das seine Fahne in den Besitz des Feindes geriet. Wenn sich der Feind näherte, so

musste er seine Fahne so hoch wie möglich in die Luft schleudern, Zeichen das sich die Truppen sammeln mussten. In ganz schlimmen Fällen versuchte er sie mit all seiner Kraft aus dem Haufen zu werfen. Die Fahnenträger bereiteten sich für diesen Zweck in speziellen Militärschulen vor wo sie nicht nur lernten mit den Waffen umzugehen, sondern sich harten körperlichen und technischen Übungen unterzogen. In diesen

Übungen haben sicherlich die heutigen Fahnenspiele ihren Ursprung. Der Wetteifer brachte die Fähnriche so weit das sie mit ihren Fahnen immer schwierigere Kunststücke vollbrachten. Zu dieser Gelegenheit schrieb F.F.Alfieri im Jahr 1638: "....das Üben mit der Fahne ist sehr zu empfehlen weil damit der Fuss die Beherrschung erwirbt, der Leib gelenkig wird, die Hand Kraft gewinnt und sich der Arm löst....".

DAS DRITTEL DER STADT

Die Stadt Siena ist gebietsmässig in drei Drittel aufgeteilt: das Drittel der Stadt, das Drittel von San Martino und das Drittel von Camollia. Zum Drittel der Stadt gehören folgende sechs Contrade: der Adler, die Schnecke, die Welle, der Panther, der Wald und die Schildkröte.

Nobile Contrada dell'Aquila

Noble Contrada des Adlers.
Am 16. Juli 1887 waren König Umberto di Savoia und Königin Margherita in Siena zu Gast um dem Palio beizuwohnen. Zur Erinnerung an diesen Besuch schmückt die Contrada des Adlers seither ihr Wappenbild mit den Initialen U. I. zusammen mit einem zweiköpfigen Adler, einer kaiserlichen Krone und einer goldenen Sonne. Gelb ist die Farbe der Fahne, mit schwarzen und blauen Streifen versehen. Gegenüber der Kirche vom Hl. Johannes dem Täufer der "Tredicini", die das offizielle Oratorium der Contrada ist seit 1788, befin-det sich ihr Sitz, in via Casato di Sotto.Hier wird der älteste existierende Palio von Siena aufbewahrt den die Contrada des Adlers im Jahr 1719 gewann.

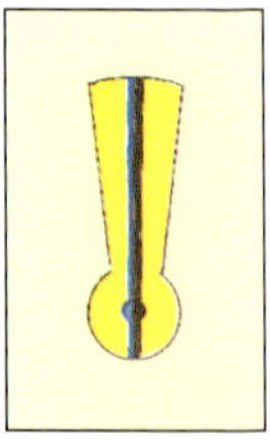

Contrada della Chiocciola

Contrada der Schnecke.
Es ist natürlich eine Schnecke die im Wappen dieser Contrada hervorsticht , auf silberfarbenem Grund, von Rosen umgeben und den königlichen Initialen U. und M. Die Fahne ist gelb und rot und mit einem leichten Blauton umrahmt. Die Kirche der Contrada ist die der Heiligen Peter und Paul aus dem siebzehnten Jahrhundert die einmal dem Kloster der Nonnen vom Hl. Paul angehörte. Sie

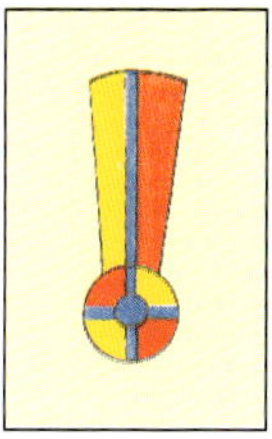

ist das Oratorium und auch der Sitz der Schnecke seit 1814, ihre Säle sind der Kirche angegliedert.

Contrada Capitana dell'Onda

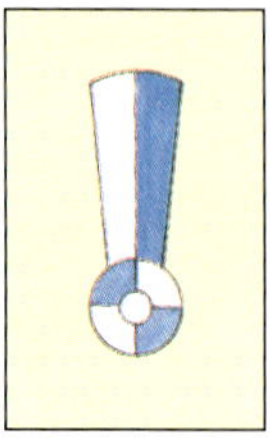

Führende Contrada der Welle. Das Wahrzeichen dieser Contrada stellt einen Delphin mit königlicher Krone dar der auf blauen Wellen schwimmt. Dieses Symbol aus dem Meer hat die Farben der heutigen Fahne bestimmt die seit 1714 weiss und hellblau ist, Epoche in der sie weiss und schwarz ersetzten. In der Nähe des Bogens vom Hl. Giuseppe, in der via Giovanni Duprè, befindet sich der Sitz der Contrada. Daneben die kleine Kirche die von der Zunft der Kunstschreiner im Jahr 1522 erbaut wurde und dem Heiligen Giuseppe geweiht ist. Im Jahr 1787 überliess sie der Grossherzog Pietro Leopoldo der Contrada die sie zum eigenen Oratorium umwandelte.

Contrada della Pantera

Contrada des Panthers.
Auf diesem Wappen befindet sich ein auf den Hinterbeinen stehender Panther. Aber auch hier fehlt nicht das U. das für Umberto di Savoia steht und auf einem silber-und rotfarbenem Schild hervorsticht.
In den Tagen des Palio sind die Strassen der Contrada und die Kirche des Carmine, im Pian de Mantellini, mit den Fahnen der Contrada, rot und blau mit weissen Streifen, geschmückt.Ihr Sitz befindet sich in der via San Quirico.

Contrada della Selva

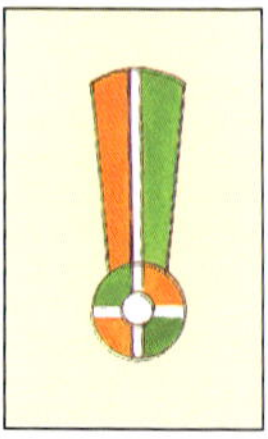

Contrada des Waldes.
Ein Nashorn zu Füssen einer Eiche mit schönen grünen Blättern, eine goldene Sonne auf blauem Grund und das U von Umberto di Savoia: das ist das Wahrzeichen der Contrada des Waldes.
Die Farben seiner Fahne sind orange, weiss und grün. Das Oratorium der Contrada zeigt auf den Platz von S. Sebastiano und war die Kirche des Hl. Sebastiano in Vallepiatta, in eindeutigem Stil der Renaissance.
Es wurde im Jahr 1818 von der Zunft der Weber , deren Kirche es war,an die Contrada übergeben.
Auch der Sitz der Contrada befindet sich auf demselben Platz von S. Sebastiano.

Contrada della Tartuca

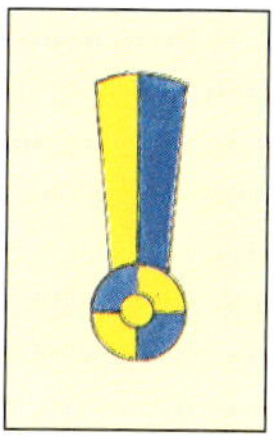

Contrada der Schildkröte.
Die Fahne der Contrada hat einen gelben und blauen Hintergrund und ihr Wappen ist von einer Schildkröte auf goldenem Grund dargestellt die von Margheriten umgeben ist, vom Namen der Königin Margherita und den "nodi" (Knoten) von Savoia.

Der Kern des Territoriums der Schildkröte ist der älteste der Stadt. Das Oratorium der Contrada wurde im Jahr 1684 von den "Contradaioli" (Bewohner der Contrada) erbaut. Es wurde dem Hl. Antonio da Padova geweiht und befindet sich in via Tommaso Pendola, wo sich auch der Sitz und das Museum der Contrada befindet.

DRITTEL VON SAN MARTINO

Zum Drittel von San Martino gehören folgende Contrade: Eule, Einhorn, Muschel, Tal des Widders und der Turm.

Contrada Priora della Civetta

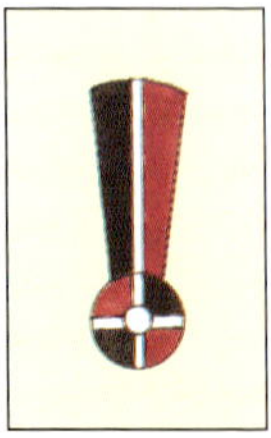

Contrada Priorin der Eule.
Das Symbol dieser Contrada ist eine gekrönte Eule die auf einem grünen Zweig sitzt. Auf dem roten und schwarzen Hintergrund sieht man die Buchstaben M. und U. die im Jahr 1887 , nach dem Besuch der königlichen Familie in Siena, hinzugefügt wurden. Auch die Farben der Contrada sind rot und schwarz. Das Oratorium wurde im Jahr 1930 von der Bevölkerung der Contrada im mittelalterlichen Hof des Castellare degli Ugurgieri erbaut und der Sitz der Contrada befindet sich in via Cecco Angiolieri, nahe beim Oratorium.

Contrada del Leocorno

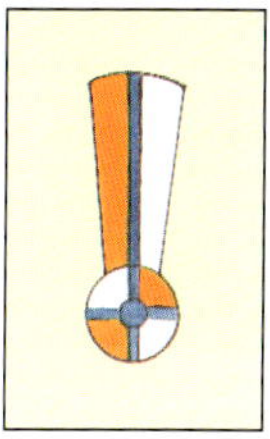

Contrada des Einhorns.
Es ist ein mythologisches Symbol das diese Contrada kennzeichnet: es handelt sich in der Tat um ein auf den Hinterbeinen stehendes Einhorn, oder "Leocorno", auf weissem Feld mit blauem Rand auf dem die Schrift "Humberti Regis Gratia" hervorsticht. Die Farben der Fahne sind weiss, orange mit blauen Streifen. Das Oratorium der Contrada wurde kürzlich in die Kirche von S. Giovannino delle Staffa verlegt die auf der Piazzetta Grassi steht , wo sich auch der Sitz der Contrada befindet.

Nobile Contrada del Nicchio

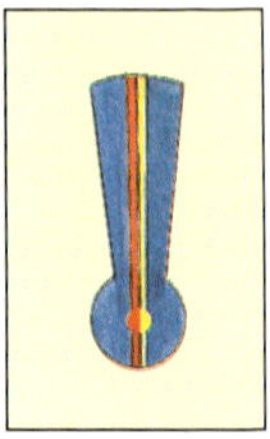

Noble Contrada der Muschel.
Eine grosse, silberne Muschel auf blauem Grund, eine grossherzögliche Krone, zwei rote Korallenäste und dann zwei Rosen von Zypern die von Knoten der Savoia unterbrochen sind: das ist das elegante Symbol der Contrada der Muschel. Die Farbe der Fahne ist blau mit gelben und roten Streifen. Im Jahr 1680 wurde das Oratorium der Contrada von den "Contradaioli" (Bevölkerung der Contrada) errichtet. Es ist dem Hl. Gaetano da Thiene geweiht. Es befindet sich nahe beim Sitz der Contrada in der via dei Pispini.

Contrada di Valdimontone

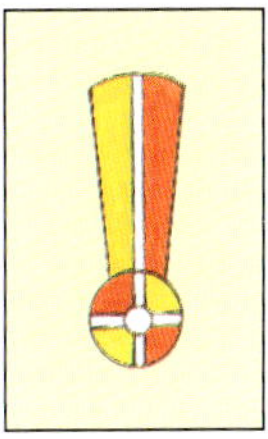

Contrada des Tal des Widders. Normalerweise wird diese Contrada einfach die Contrada des Widders genannt, Tier das auf dem Wappenbild auf den Hinterbeinen stehend erscheint, mit einer Krone und der unfehlbaren Initiale U. Die Farben der Fahne sind gelb und rot mit weissen Streifen. Ihr Oratorium ist die Kirche der Hl. Trinità die sich neben den neuen Räumlichkeiten des Sitzes der Contrada, in der via Valdimontone befindet.

Contrada della Torre

Contrada des Turms.
Das Wappen dieser Contrada besteht aus einem Elefanten der einen Turm auf seinem Rücken trägt. Nach dem Besuch des Königs im Jahr 1887 wurde diesem Wappenbild eine rote Satteldecke mit weissem Kreuz an der Seite des Elefanten und die Fahne mit silbernem Kreuz auf der Turmspitze hinzugefügt. Das dunkle Rot, das Weisse und das Hellblaue sind seit dem siebzehnten Jahrhundert die Farben ihrer Fahne die im

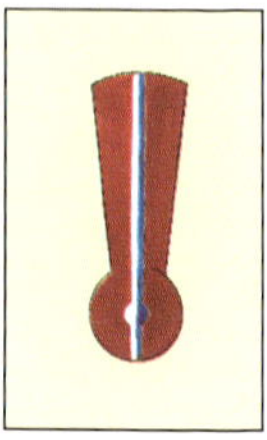

schönen Sitz in via Salicotto und im Oratorium von S. Giacomo,schon seit vierhundert Jahren im Besitz des Turms, schwenkt.

DRITTEL VON CAMOLLIA

Zu diesem Drittel gehören die sechs Contrade der Raupe, der Drachen, die Giraffe, das Stachelschwein, die Wölfin und die Gans.

Nobile Contrada del Bruco

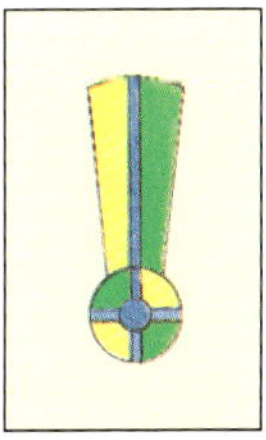

Noble Contrada der Raupe.
Eine Raupe auf einem Zweiglein ist das Wappen dieser Contrada. Die Raupe hat eine Krone des Grossherzogs und ist überragt von einem savoyischen Kreuz. Die Fahne ist gelb und grün mit blauen Streifen. Der Sitz, das Museum und das Oratorium befinden sich in der via del Comune. Das Oratorium wurde im Jahr 1680 von der Bevölkerung der Contrada errichtet und ist der Heimsuchung Mariä geweiht.

Contrada del Drago

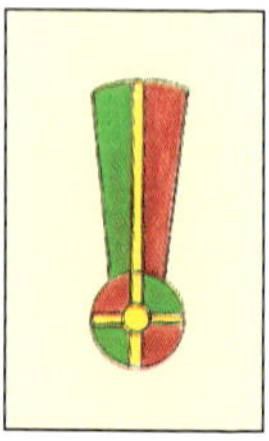

Contrada des Drachens.
Auf ihrem Wappen erscheint das Bild eines geflügelten und gekrönten Drachens der eine Stendarte mit der Initiale U. trägt. Die Farben der Fahne sind rot und grün mit gelben Streifen. Ein grossherzöglicher Erlass übergab der Contrada des Drachens im Jahr 1787 die Kirche der Heiligen Caterina als Oratorium, da diese Kirche nicht mehr benützt wurde vom Konvikt der Nonnen "des Paradieses". Der Kirche angeschlossen befindet sich der Sitz der Contrada, auf der Piazza Matteotti die sich früher Poggio Malavolti nannte.

Contrada Imperiale della Giraffa

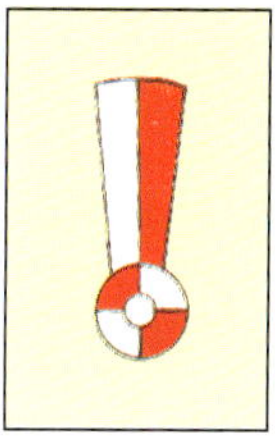

Imperiale Contrada der Giraffe.
Das Wappenbild dieser Contrada ist eine Giraffe die von einem Mohren geführt wird. Darüber, auf einem Band, befindet sich die Schrift "Humbertus I dedit". Die Farben der Giraffe sind weiss und rot.
Ihr Sitz befindet sich in via delle Vergini.
Das Oratorium der Giraffe befindet sich seit 1824 unterhalb der Kollegiatkirche der Heiligen Maria von Provenzano, Kirche in der das Abbild der Madonna von Provenzano aufbewahrt wird in deren Namen der Palio im Juli ausgetragen wird. Sie wird seit Ende des XVI Jahrhunderts von den "Contradaioli" verehrt.

Contrada dell'Istrice

Contrada des Stachelschweins.
Es ist natürlich ein Stachelschwein das auf dem Wappen dieser Contrada hervortritt.Es ist gekrönt und hebt sich ab von einem silbernen Grund, ausserdem ist es von Rosen aus Zypern und einem savoyischen Knoten umgeben.
Die Fahne des Stachelschweins ist mit roten, schwarzen und blauen Arabesken auf weissem Grund verziert. Der Sitz und das Oratorium der Contrada befinden sich im Zentrum des Stadtviertels, in der via Camollia. Das

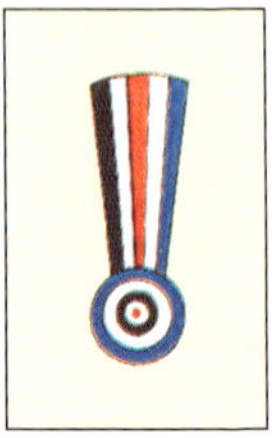

Oratorium, das dem Heiligen Bartolomeo geweiht ist ,war ursprünglich die Kirche der Heiligen Vincenzo und Anastasio und ist im Besitz der Contrada seit 1788.

Contrada della Lupa

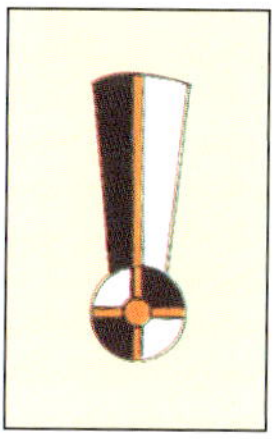

Contrada der Wölfin.
Symbol der Contrada ist die römische Wölfin die die Zwillinge Remo und Romolo stillt und der senesische Weisstreifen.
Der Rand des Wappens, weiss und rot, ist von kleinen Kreuzen, auch diese weiss und rot, unterbrochen.
Die Farben der Wölfin sind weiss und schwarz mit orangefarbenen Streifen.
Die Kirche des Heiligen Rocco aus dem sechzehnten Jahrhundert ist das Oratorium der Contrada das sich, wie auch ihr Sitz, in der via Vallerozzi befindet. Es wurde der Wölfin im Jahr 1786 von der Bruderschaft des Hl. Rocco, nach dem Willen des Grossherzogs, verleiht.

Nobile Contrada dell'Oca

Noble Contrada der Gans.
Auf dem Wappen erscheint eine schneeweisse Gans die am Hals ein blaues Band trägt an dem das Kreuz von Savoyen und die königliche Krone hängt.Die Fahne der Gans ist weiss und grün mit roten Streifen. Im Territorium von Fontebranda, wo die Heilige Caterina geboren wurde, befindet sich das Heiligtum das zur Erinnerung an sie erbaut wurde, da wo ihr Haus stand. In den anliegenden Räumen befindet sich der Sitz und das Oratorium der Contrada der Gans, im Jahr 1465 errichtet.

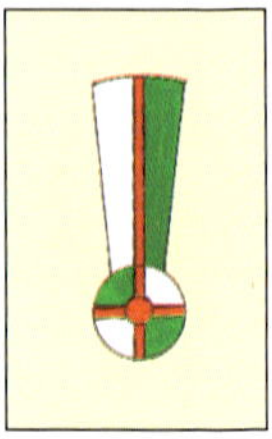

DER HISTORISCHE UMZUG

Das Pferderennen ist ohne Zweifel der Höhepunkt des ganzen Palio. Aber es sind die Vorbereitungen, das Warten und, schlussendlich, das Vorbeiziehen des historischen Umzugs die den so innig erwarteten Moment der Seneser noch spannender werden lässt. Der historische Umzug ist das Ergebnis einer jahrhunderte alten Tradition die sich abzeichnet um die heutige Darstellung zu erreichen. Er erinnert an die antiken Zerimonien die sich in Siena abspielten und die "del cero e dei censi" (der Kerze und dem Zensus) genannt wurden. Sicherlich, wenn man peinlich ist kann man einige anachronistische Ei-

genarten beobachten, wie die Ottonen aus dem XIX Jahrhundert die den Umzug eröffnen und von Figuranten mit Kostümen der Renaissance gefolgt sind. Aber es ist gerade das der Sinn einer derartigen Erinnerung: das Nachdenken über einige Widersprüche des Lebens der Senesen, um sie in ihrer tiefgründigsten Wahrheit zu schildern,die geschichtliche Wahrscheinlichkeit missachtend. Jeder "contradaiolo" folgt dem Umzug mit Leidenschaft und Hoffnung. Sein Herz schlägt im Rythmus der Trommeln die den Auftritt der "comparsa" (Figurant) einer jeden Contrada begleitet. In der Tat haben alle mit peinlicher Genauigkeit ihren eigenen Umzug organisiert und aus jedem Viertel erscheinen, von Applausen und Trommelgewirbel begleitet, die Figurantengruppen die teilnehmen.Jede Gruppe ist zusammengesetzt aus einem Trommler, zwei Fahnenträgern mit den Fahnen, dem Heerführer und zwei Kriegern. Es folgt der Page der das Wappenbild der Contrada trägt und an seinen Seiten noch zwei Pagen mit den Bannern der Militärkompanien. Schlussendlich der unbestrittene Held des Palio: das Rennpferd, "barbero" genannt, das vom barberesco geführt wird und dem der "soprallasso" vorangeht, es handelt sich um ein Paradepferd das von einem Reitknecht geführt wird und auf dessen Rücken der für das Rennen gewählte Jockei sitzt. Nach den Figurantengruppen die am Palio teilnehmen, ziehen die Figuranten der nicht teilnehmenden Contrade vorbei, getrennt von Pagen die Lorbeerghirlanden tragen. Ein langer, entnervender Umzug dessen langsames Vorbeiziehen die Erwartungen und das "Fieber" der Senesen steigert, oft ist diese Erregung auch ansteckend für die Besucher die nicht von Siena sind. Jede Figurantengruppe die aus ihrem eigenen Viertel kommt begibt sich erst zum Dom. Von hier, wenn sie sich mit den anderen Gruppen vereint hat, entknüpft sich der Umzug ordentlich durch die Strassen der Stadt um den Campo zu erreichen wo eine tratschende und jubelnde Menschenmenge auf sie wartet um dem Umzug zu applaudieren vor dem Rennen. Auf der Strecke halten die Figurantengruppen jeder Contrada an vorgeschriebenen Stellen an wo die Fahnenschwinger ihre Künste vorführen. Die Geschicklichkeit mit der sie ihre Fahnen handhaben ist das Ergebnis dauernder Übungen und der Tradition die ihren Ursprung in der antiken militärischen Ehre der Seneser Repubblik hat. Das Fahnenschwingen der Fähnriche ist ein Moment von ausgesprochener Eleganz den die Senesen vertraulich "passeggiata storica" (historischer Spaziergang) nennen. Es ist ein Schauspiel im Schauspiel das artikuliert ist durch das Hochwerfen, die Passage und das Austauschen der Fahnen, dessen Ergebnis unvergleichlich ist.

DER TRIUMPHWAGEN

Nach den Figurantengruppen folgt der Gerichtsführer der von Knappen umgeben ist. Den historischen Umzug schliesst der "Carroccio" ab.

Er ist inspiriert vom "Carroccio" des Mittelalters auf dem die Gemeinden ihre Fahnen und den Altar führten um sich vor der Schlacht zum Gebet zu sammeln. Auf dem Karren des XVI Jahrhunderts, der von vier weissen Ochsen aus der Maremma gezogen wird, befindet sich der "Pallium", das Seidensiegesband das der Palio ist, begehrter Preis der gewinnenden Contrada.

Er wird jedes Jahr von bekannten seneser Künstlern oder von wichtigen Vertretern der zeitgenössischen Malerei wie Guttuso, Cagli oder Mino Maccari ,berühmter seneser Maler, verwirklicht. Hinter dem Palio flattert das grosse schwarzweisse Banner von Siena. Auf dem Karren befinden sich sechs Trompentenbläser der Gemeinde die den beeindruckenden Marsch des Palios spielen und die vier Verwalter der "Biccherna" die den antiken Richterstand vertreten. Der Karren ist begleitet von den Reitern der Contrade die nicht am Rennen teilnehmen und von den Reitern der Contrade die heute nicht mehr existieren.

DAS RENNEN

Die "mossa", der Start, ist der erregendste Moment des Rennens. In einer von grossen Erwartungen erfüllten Stille treten die Pferde zwischen die Hanfseile, in ausgeloster Reihenfolge. Man kann sagen das schon hier das Rennen beginnt, da jeder Reiter seine ganze Schlauheit hinzuzieht um einen möglichst guten Startplatz zu bewahren und die anderen zu hemmen. Jeder versucht den richtigen Moment zu erkennen in dem das Seil fällt. Nur wenn das zehnte Pferd, das letzte, das den Anlauf (rincorsa) bestimmt sich zwischen die Seile begibt, lässt der Starter den Verrocchio auslösen, Vorrichtung die den Start des mitreissenden und unberechenbaren Rennens angibt. Während der drei schnellen Runden um den Campo kann und muss absolut alles geschehen. Die Pferde stürzen sich in ein dramatisches und rasendes Rennen. Es ist ein fesselndes Schauspiel, die Menschenmenge explodiert vor Begeisterung und unter tausenden von Schreien des Antriebs kontrollieren sich die Jockeis gegenseitig, hemmen sich, schlagen sich und fallen vom Pferd. Das Rennen ist gefährlich. Die Jockeis reiten ohne Sattel

und werden oft vom Pferd abgeworfen was teilweise auch schwere Verletzungen zur Folge hat. Auf der anderen Seite war der Palio schon immer ein hartes, rauflustiges, blutrünstiges Rennen das mehr einer Schlacht als einem Wettkampf gleicht. Die Ochsenpeitschen kreisen in der Luft, manche Pferde sind ohne Reiter, "scosso" genannt, rennen aber unerschütterlich ihr verrücktes Rennen weiter. Die eisenbeschlagenen Hufe der Pferde verschlingen die gepresste Erde der Piste und siehe da die Reiter die die Kurve von San Martino erreichen, der schwierigste Punkt, eine abfallende Ellbogenkurve. Schon nach den ersten zwei Runden ist das Schicksal des Rennens klar: der Palio wird jetzt nur noch von wenigen Contrade streitig gemacht vor der Zielgeraden und der Kurve des Casato. Hier wird das Ziel von einem schwarz-weissen Fähnchen gekennzeichnet. Der Knall des Böllers und der Rauch kennzeichnen das ersehnte Ziel das endlich in einem anwachsenden Gefühlsausbruch erreicht wird und vom betäubenden Geschrei der Contradaioli begleitet ist die die Piste überfluten um den Sieger zu umjubeln. Dann der Triumph oder die Niederlage, die Gesänge, die Raufereien, die Segnung des "cencio" (Lappen), so nennen die Senesen auf fälschliche und geringschätzige Art den Palio, die Tränen, die Trostlosigkeit oder die unbezähmbare Freude. Der Platz leert sich, aber die Erinnerung an diesen Tag dauert noch lange im Gemüt eines jeden Senesen, der siegreichen und der besiegten Contradaioli. Die Freude oder die Verzweiflung nach dem Rennen kennt keine Grenzen: sie dauern tagelang und lassen ein unauslöschliches Zeichen in jedem Senesen. Die Festlichkeiten der siegreichen Contrada sehen ein Te Deum der Dankbarkeit vor das am 2. Juli in der Kirche von Provenzano und am 16. August im Dom abgehalten wird. Im Monat September ist ein grossartiges Siegesmahl die Krönung aller Mühen die zum Triumph der siegreichen Contrada geführt haben: an der festlich hergerichteten und erleuchteten Tafel nimmt die ganze grosse Familie, die die Contrada ist, teil. Sie zählt manchmal mehr als zweitausend Personen. Es wird auf den gegenwärtigen Sieg angestossen und man wünscht sich zukünftige Siege herbei, man feiert ein Jahr dauernder Verpflichtungen und grosser Befriedigungen.

Siena ist sehr stolz auf sein antikes und würdiges Gefühl, auf seine Menschlichkeit, auf seine Hoffnungen und seine Passionen. In den kurzen Augenblicken des Rennens konsumieren sich , für alle Senesen, tagelange Verpflichtungen, Hingabe, Opfer und Erwartungen. Die fanatische Liebe zu ihrer Stadt ist Teil ihres eigenen Lebens und für nichts auf der Welt verzichten sie darauf.

INHALTSVERZEICHNIS

TEXT: STEFANIA BELLONI

S.S. Flaminia, km 90
05035 NARNI - TERNI - ITALIA
Tel. 0744 / 715946 - Fax 0744 / 722540
(Italy country code: +39)

Drück: 1997 - PLURIGRAF S.p.A. - NARNI

L. 5.000
I.V.A. INCLUSA